AF242703

DIALOGUE

ENTRE

UN PUBLICISTE ET UN CHOUAN,

A L'OCCASION

DU PROJET DE CONSTITUTION.

La vertu fait le rang.

PUBLIÉ PAR M. DE BARAU.

A PARIS,

CHEZ MAUGERET, Libraire, rue du Faubourg
Saint-Martin, n°. 38.

AVRIL 1815.

DIALOGUE

ENTRE

UN PUBLICISTE ET UN CHOUAN.

LE CHOUAN.

Hé bien ! M. l'ami du peuple, comment trouvez-vous le projet de constitution ? est-il à votre gré ?

LE PUBLICISTE.

Pourquoi non ?

LE CHOUAN.

Il me semble cependant que vous, l'un de ces citoyens par excellence, extrêmement pressés de guérir du mal de la dépendance, vous devriez trouver que cette constitution fera prendre la liberté à bien petites doses.

LE PUBLICISTE.

Nous ne savons pas encore si la nation l'ac-ceptera.

LE CHOUAN.

La nation ? Ah ! ah ! la nation. Croyez-moi, mon ami, (je vous le disais bien) ...... il n'y a de droits légitimes que ceux de nos antiques souverains.....

LE PUBLICISTE.

Ceux du peuple sont donc comptés pour rien ?

LE CHOUAN.

Le peuple !.... Eh quel droit a-t-il, le peuple? Tous les droits mêmes qu'il vous plaît de lui attribuer ne sont-ils pas comparables à ceux que tout paralytique a de courir ? En voyez-vous beaucoup marcher dans la rue ?

LE PUBLICISTE.

Il est assez prouvé que les peuples ne sont pas toujours comparables à des paralytiques, et que, quand il leur plaît, ils font rudement sentir qu'ils sont les maîtres.

LE CHOUAN.

Voilà précisément la raison pour laquelle ils ne

doivent pas l'être ; mais vous ne raisonnez jamais sans mettre la souveraineté des nations en avant. Dites-moi enfin une fois d'où elles tirent ce droit de souveraineté.

LE PUBLICISTE.

Monsieur, quand les hommes se constituent en société, ils font un pacte formellement exprimé ou tacite, par lequel ils se dépouillent individuellement de leurs droits naturels pour en revêtir la nation, qui, à son tour, leur en donne en échange de plus stables et de plus inviolables: tous ceux qui entrent dans la société après qu'elle est instituée, sont censés entrer dans ce pacte, parce que ce n'est qu'à cette condition qu'elle les reçoit ; comme aussi elle laisse libres de sortir de son sein ceux qui desireraient rompre cet engagement, parce que le pacte social ne saurait être un contrat irrévocable et perpétuel. Vous voyez journellement pratiquer en petit ce que je prétends devoir être en grand. Quand plusieurs amis se cotisent pour former un cercle, chacun renonce à sa *cote* en faveur de tous, et ils font ensuite collectivement les réglemens qu'ils jugent à propos pour maintenir l'ordre.

LE CHOUAN.

A ce compte les rois appartiendraient aux peuples , et non les peuples aux rois ?

LE PUBLICISTE.

Sans doute.

LE CHOUAN.

Voilà qui n'est pas mal. Je vais pourtant vous convaincre d'absurdité. Suivez - moi....... N'est-il pas constant que les nobles ont des priviléges que n'ont pas les roturiers ?

LE PUBLICISTE.

C'est ce dont on se plaint.

LE CHOUAN.

Les grands n'en ont-ils pas plus que les simples nobles ?

LE PUBLICISTE.

J'en conviens.

LE CHOUAN.

Les princes n'en ont-ils pas infiniment plus

que les grands , et les rois que les princes.

LE PUBLICISTE.

J'en conviens encore.

LE CHOUAN.

Donc , par analogie , nous pouvons conclure qu'il y a une distance infinie entre les princes et les roturiers , et une plus grande encore entre les rois et leurs sujets. Or , je vous demande maintenant s'il n'est pas absurde de prétendre que les infiniment grands appartiennent aux infiniment petits.... C'est pourtant ce que vous faites quand vous dites que les rois appartiennent aux nations.

LE PUBLICISTE.

J'avoue que les rois sont infiniment grands et les sujets infiniment petits ; voilà pourquoi il conviendrait de faire un rapprochement ; mais de ce que les hommes ont eu une fois la fantaisie d'élever quelqu'un extrêmement haut , il ne s'ensuit pas qu'ils ne puissent avoir une autrefois la fantaisie contraire de les faire descendre plus bas, et même tout-à-fait à terre si c'est leur bon plaisir.

LE CHOUAN.

Je vous entends, vous voudriez une république. Ah ! jeune homme, si vous aviez vu comme moi tous les maux qu'entraîne un aussi chimérique établissement !....

LE PUBLICISTE.

Voyez-vous cet enfant, collé au sein de sa nourrice ? Hé bien ! il deviendra homme comme vous et moi, et se conduira tout aussi prudemment ; mais si Dieu le rendait miraculeusement homme fait avant le terme, c'est à dire avant qu'il ait parcouru progressivement les différens âges qu'il doit parcourir, privé d'expérience, il ne saurait rien prévoir ; à chaque pas, il courrait à sa perte ; en un mot, il ne pourrait se conserver. Le peuple français, échappé tout-à-coup à la domination d'un seul homme, et ayant franchi d'un seul pas l'immense intervalle qui sépare la servitude de la liberté, se trouva semblable à cet enfant ou à cet homme miraculeux. N'ayant vu jusqu'alors qu'avec les yeux du sacerdoce, intéressé à lui cacher la vérité, il ne sut rien discerner quand il voulut se servir des siens. Accoutumé à l'engourdissement de la servitude, il fut lourd et pesant, quand il fallut marcher à la liberté. Obligé de voguer sur une mer inconnue pour lui, il se livra au hasard, et fut forcé de consulter les premiers pilotes qu'il rencontra, sans pouvoir s'assurer s'il ne tomberait point dans les mains de corsaires qui le tireraient au large pour le capturer. Un pédagogue, un intrigant disert, un ambitieux éloquent contre lesquels il n'avait point appris à se tenir en garde, étaient autant d'écueils qu'il prenait pour des fanaux ; mais aujourd'hui le peuple a acquis de l'expérience ; il connaît les voies opposées de l'anarchie et du gouvernement arbitraire ; il sait qu'il doit se tenir avec précaution à une distance égale de ces deux précipices ; il sait enfin qu'il lui faut une constitution sage, qui donne au gouvernement assez de force pour éviter le désordre, et assez peu pour ne pas tomber dans le despotisme.

LE CHOUAN.

Ne voyez-vous pas que la France est trop vaste pour être gouvernée en république ; que les Français sont trop changeans, trop corrompus pour comporter une telle forme d'administration ; qu'il leur faut nécessairement un maître pour les rendre constans malgré eux, et sages en les rendant misérables ? Or, lequel des deux maîtres est le plus capable de produire ce salutaire effet ? Est-ce celui qui n'a que des bayonnettes pour obliger des citoyens devenus assez courageux pour opposer force contre force à l'injustice, ou bien celui qui par le moyen d'un clergé avide et d'une noblesse timide et efféminée aurait bientôt trouvé le secret d'appauvrir ses sujets et de les rendre poltrons.

LE PUBLICISTE.

Il n'est pas du tout prouvé que la France soit trop vaste pour être constituée en république ; d'ailleurs, la grandeur des états n'est plus une difficulté depuis l'invention des républiques fédératives. Au reste, si en dernier résultat il nous faut un maître, souffrez que je donne la préférence à celui qui saura conserver à la France sa gloire et ses lauriers, qui seront autant d'épouvantails pour les nations qui voudraient nous ravir l'indépendance nationale, et autant d'obstacles pour les ambitieux tentés d'usurper les droits qu'il nous laisse.

LE CHOUAN.

Passe pour votre avis. Je vous demande pardon ; mais il en sera tout autrement. Nous avons élevé courageusement notre monarque au trône, et, grâce à Dieu, ce même courage ne nous manquera pas quand il faudra le rétablir.

LE PUBLICISTE.

Il me semble que vous autres émigrés, vous ressemblez un peu à cette vieille décrépite de Gascogne, qui jura froidement en plein tribunal avoir jeté son gendre à la rue, afin de garantir les champions qui avaient commis ce délit. Vous vous attribuez sans façon les exploits des autres.

LE CHOUAN.

Plaisantez là dessus tant qu'il vous plaira ; mais, au nom du Ciel, ne me parlez pas de république.

LE PUBLICISTE.

Je comprends très-bien pourquoi le régime

féodal a tant d'attraits pour vous ; mais je ne puis concevoir comment une belle république fédérative peut vous faire horreur.

LE CHOUAN.

Ah! ah! des confédérations. Vous allez me faire étouffer de rire ; vous divisez déjà la France par la pensée : cette idée faillit en faire coûter la vie à votre père, et il eût infailliblement péri s'il n'eût été calviniste.

LE PUBLICISTE.

Oui, des confédérations, et pourquoi non? L'Amérique est à peine sortie de l'état de nature, l'Europe est avancée dans la civilisation ; les peuples des Etats-Unis ont encore beaucoup à faire dans les sciences et dans les arts ; les Français les ont perfectionnés au dernier dégré. Faut-il donc que la plus éclairée des nations, celle qui a donné le brandon, qui rendra tôt ou tard l'indépendance à tous les peuples, gémisse dans les fers ; pendant que ses élèves, ses protégés et ses admirateurs jouiront de la liberté.

LE CHOUAN.

Il me paraît que vous ne sentez aucun des inconvéniens qui résulteraient de l'établissement d'une république fédérative en France. Ne voyez-vous pas que les grandes villes seraient autant de capitales, et que leur territoire étant peu considérable, la démocratie, cette forme abominable de gouvernement, s'introduirait dans toutes. En conséquence, ni la noblesse, ni la fortune, ni la faveur, n'auraient de crédit auprès de la multitude, dont la bisarre passion est de choisir scrupuleusement des gens à talens ; comme s'il fallait en avoir beaucoup pour maîtriser les hommes ! Or, pour avoir des savans, on entrerait dans la nécessité d'établir des écoles publiques. Et qui pensez-vous, monsieur, qui profiterait de ces sortes d'établissemens ! Croyez-vous que ce serait le fils d'un duc et pair, dont l'illustre nom interdit, sous peine de déroger, toute familiarité avec les livres, productions honteuses de la roture et du vasselage ? Serait-ce le fils d'un seigneur, qui ne quitte son château que pour aller à la chasse ou à la pêche ? Point du tout, les vils roturiers, habitans les villes, accapareraient tous les talens ; et par une absurde conséquence, on les verrait monter aux premières dignités. Bientôt le fils studieux d'un forgeron, d'un bottier, d'un sculpteur, d'un bourgeois, chargé des doctrines d'un Locke, d'un

Newton, d'un Aristote, l'emporterait dans les
élections sur un homme de qualité dont la res-
pectable paresse ne lui aurait pas permis de s'é-
clairer. Ce n'est pas tout; la fantaisie de s'ins-
truire, l'émulation, le développement de toutes
les lumières, dont le pernicieux résultat est de
faire évanouir toute idée d'inégalité parmi les
hommes, se placeraient à côté ou prendraient la
place de notre noble doctrine, dont le constant
principe est de laisser sans cesse l'homme dans
l'état où son sort l'a placé. De là une lutte conti-
nuelle d'académie contre académie, d'université
contre université, de savant contre savant, dont
les chocs feraient partir une multitude d'é-
clairs qui nous améneraient un déluge de pro-
blèmes, de questions, de solutions: c'est fort
bien. Et, que produirait tout cet attirail, s'il vous
plait?

LE PUBLICISTE.

Ce que cela produirait, monsieur! Le progrès
de l'agriculture, de la navigation, du commerce,
l'avancement de la philosophie même, partie
qu'on ne saurait jamais trop cultiver. Or tout cela
mérite bien, ce me semble, d'être compté pour
quelque chose.

LE CHOUAN.

Oui, vous avez raison; mais vous ne pénétrez pas assez avant. Envisagez qu'il en sortirait aussi une foule d'institutions nouvelles, que vos savans roturiers mettraient irrévéremment à la place de nos anciennes coutumes, que le temps rend sacrées, coutumes qui, ne vous en déplaise, ressusciteront bientôt avec notre gouvernement : et ces nouvelles institutions, qui ne seraient rien moins que des récompenses, des encouragemens, des inventions, des manufactures, seraient toutes à l'avantage de la roture ; parce que la noblesse, comme vous le savez, ne s'occupe que de ses titres. Aussi, faudrait-il vous attendre à voir bientôt des vassaux laborieux rivaliser de fortune avec leurs seigneurs ; et cela, tout noble que vous êtes aussi bien que moi, n'est pas capable de vous faire enrager !

LE PUBLICISTE.

Hé! pourquoi voulez-vous que je m'inquiète de la gloire de ma nation, du progrès des lumières, et du bonheur de mes compatriotes ? Pourqnoi voulez-vous que je déteste le systéme républicain qui anoblit les ames, les enflamme, et qui allume dans tous les cœurs l'ardent amour de la patrie ? Voudriez-vous donc me voir desirer votre régime féodal, dont le moins funeste résultat est de jeter les hommes dans l'abattement, dans l'ennui, dans le dégoût, et de les détacher de la société en les rendant comme étrangers au milieu d'elle ?

LE CHOUAN.

Et qu'importe que le peuple soit vif ou taciturne, qu'il s'ennuie ou qu'il s'égaye, qu'il aime ou n'aime pas la patrie ; les affaires n'en iront pas moins leur train. Au contraire, l'amour de la patrie est souvent préjudiciable à l'état, parce qu'on donne trop de consistance à ce sentiment : l'on suppose mal-à-propos à celui qui en est animé des qualités dont le plus souvent il est dépourvu. Remontez au tems de la république française, l'amour de la patrie y tenait lieu de tout. Pourvu qu'un homme portât le bonnet de Brutus de bon cœur, il était censé bon père, bon fils, bon époux ; en un mot honnête homme. Ah ! quels hommes que c'étaient que ces prétendus honnêtes hommes.

LE PUBLICISTE.

Permettez que j'essaye de vous prouver que

dans les républiques et surtout dans celle que j'ai démontré pouvoir s'établir en France , on ne pourrait aimer la patrie sans être honnête homme , ni être honnête homme sans aimer la patrie. Ce sera, je crois , vous donner à la fois une haute idée de la république fédérative supposée, et des citoyens qu'elle formerait.

LE CHOUAN.

Ah ! voyons, écoutons cette nouvelle logique , mais plutôt, souffrez que j'ajoute à mes raisons , un exemple qui ne vous donnera pas mal de tablature, pour faire des Français des hommes de bien. Dans une ville de Gascogne, le boulanger Lalune se fit distinguer par son amour pour la patrie. En conséquence , il fut nommé adjoint municipal ; à votre compte, ce devait être un honnête administrateur : je vous demande pardon, son patriotisme l'avait laissé mauvais mari et franc voleur. Il déroba tout ce qu'il put, notamment les galons d'or et d'argent qui recouvraient les habits sacerdotaux , et ne laissa que l'étoffe et quelques encensoirs de cuivre. Le représentant du peuple ayant voulu voir les objets confisqués, fut d'abord édifié que les pasteurs d'un pays riche eussent des effets si pauvres ;

mais faisant ensuite réflexion que la modestie n'est pas la vertu favorite des prêtres, il conçut des soupçons et se rendit chez l'adjoint si à propos, qu'il surprit son fripon emballant les effets pour aller les vendre. Hé bien! qu'en arriva-t-il; croyez-vous qu'il livrat aux tribunaux ce larron profanateur? Pas du tout, il était jacobin; il se borna à le destituer.

LE PUBLICISTE.

Les déclamations que vous entendez faire contre les patriotes, se dirigent toutes contre de mauvais citoyens. C'est parce que vous donnez gratuitement l'amour de la patrie à ceux qui la haissent. que vous tombez dans l'erreur.

Celui qui aime sa patrie, aime sa femme, ses enfans, ses parens, ses amis; parce qu'ils sont à ses yeux une portion essentielle de la république. Celui qui aime sa patrie remplit avec fidélité les emplois que le gouvernement lui donne, et il ne vend ni n'achète la faveur. Celui qui aime sa patrie n'est ni concussionnaire ni déprédateur, et ne fait point le monopole; celui qui aime sa patrie l'aime pour elle-même et non pour en faire sa proie : en un mot un bon citoyen est un honnête homme. De même un homme de bien aimant déjà ses parens, ses amis, ses proches, se fera un devoir d'aimer la république ; parce que ses membres deviendront tous ses amis et ses frères, et qu'ils ne constitueront, en quelque manière, qu'une même famille.

Vous ne trouvez jamais les peines assez fortes pour être proportionnées aux délits. Vous n'êtes contens qu'en voyant beaucoup de potences, de gibets, de bourreaux ! Vous voudriez accabler un misérable sous le poids de tout l'univers. Toutes vos idées se rapportent à la puissance sans bornes dont vous investissez les rois, non pour qu'ils l'exercent sur vous, car vous seriez bientôt revenus de vos erreurs, mais sur la multitude.

Dans un pays libre, un citoyen tient à honneur les récompenses, les places, les priviléges, parce qu'ils sont le prix du mérite, et que la main qui les donne a de la majesté. Dans un pays de servitude, au contraire, on n'en fait de cas qu'en raison du salaire, parce qu'ils jaillissent d'une source impure et infectée, et qu'il n'y a que l'avarice, la cupidité et l'intrigue qui aient droit d'y puiser.

Dans les républiques, la destitution, l'amende, la restitution des effets volés sont donc de très-grandes

peines en général ; tandis que dans les pays ab-
solus, elles ne sont que de simples privations.
Remarquez d'ailleurs que c'est le propre des ty-
rans et des ignorans d'être atroces , et que la
clémence est l'appanage de la liberté. Tant
que la république Romaine subsista , les plus
grands crimes n'y furent punis que de l'exil ; mais
aussitôt qu'elle fut passée sous la domination ,
on parla de fers , de poteaux pour les moindres
délits.

LE CHOUAN.

Vous accommodez tout à vos idées. Cependant
si ce que vous dites avait le malheur de se
réaliser , je ne sais pas trop comment nous
pourrions recouvrer nos prérogatives ; car nous
avons bien besoin que les hommes redeviennent
ignorans , crédules et abjects , pour leur faire entendre que nous sommes d'une nature supérieure
à la leur.

LE PUBLICISTE.

Il va effectivement vous être bien difficile de
leur persuader que l'eau pure de la Seine puisée
par Pierre, et l'eau pure de la Seine puisée par

Isidore, ne sont pas les mêmes eaux. J'ai vu la constitution qu'on nous destine ; et quoiqu'elle soit un peu trop avare de liberté, elle ne laisse pas d'ouvrir la porte à toutes les lumières.

LE CHOUAN.

Tout cela me donne peu d'inquiétude, et à cet égard je vois un peu plus loin que vous. L'essentiel est de faciliter au clergé les moyens d'abrutir les esprits.

LE PUBLICISTE.

Gardons-nous, au contraire, de mettre trop d'analogie entre les affaires du ciel et cellés de la terre, si nous voulons que les rois et les peuples ne soient pas commandés par des prêtres. Le clergé a fait jusques ici un trop mauvais usage de sa puissance temporelle pour ne pas nous en défier. Il n'est pas nécessaire d'être beaucoup versé dans l'histoire des nations pour savoir parfaitement que tout signal donné par des mains bénites est toujours un signal de carnage.

LE CHOUAN.

Ba ! ba ! laissez donc ! il faut éteindre les lumiéres ; et il n'y a pas de plus sûrs *éteignoirs* que les prêtres.

LE PUBLICISTE.

Vous voulez donc ramener les hommes à ces tems de superstition et de stupidité où les papes mettaient en question si un homme qui avait l'épiderme noir appartenait à la nature humaine. Savez-vous bien que ce serait faire revivre les sorciers, les devins, les magiciens, et laisser arroger aux prêtres ou aux fées la faculté de nous faire promener dans les airs la tête en bas, les pieds en haut ?

LE CHOUAN.

Qu'importe, s'il n'y a pas d'autre expédient pour conserver nos parchemins.

LE PUBLICISTE.

Je voudrais bien savoir pourquoi vous prétendez que l'on vous tienne plus compte ici de vos titres que l'on ne vous en tenait en Angleterre ; car vingt-cinq ans d'habitation ont dû vous y naturaliser.

LE CHOUAN.

Nous ne nous en sommes pas souciés : au fond nous n'aimons pas les Anglais.

LE PUBLICISTE.

Voilà une raison. Mais je pense qu'elle est un peu du genre de l'excuse de cette Lise Papesse qui, ayant été obligée de quitter la maison de son oncle pour l'avoir souillée par d'infâmes débauches, débita, de retour dans sa ville, qu'elle n'avait pu s'accoutumer à vivre avec des paysans : aimant mieux avec raison passer pour fille de vanité que pour fille galante. Les Anglais, comme les Français, chicanent, je comprends, sur le mérite personnel.

LE CHOUAN.

Dans l'opinion commune, un homme a du mérite quand il a l'esprit cultivé, et en voilà assez pour en faire un homme d'état : je ne partage point ce préjugé. Je dis, et je suis sûr qu'un noble est toujours assez habile pour gouverner la vile populace qui, après tout, n'est faite que pour vivre enchaînée.

LE PUBLICISTE.

Cette injustice était en théorie, comme dans la pratique, réellement constituée en principe dans des tems de barbarie. Tout homme né dans une condition servile devait porter des chaînes; rien n'était plus certain. Mais faites attention qu'aujourd'hui les hommes dépensent leurs forces à porter le fardeau de l'instruction, et qu'ainsi ils ne peuvent point l'employer à porter des fers.

UN QUIDAM.

Pardon, Messieurs, si j'écoutais : il m'a semblé vous entendre dire que le projet de constitution a des défauts. Qu'est-ce qui pourrait nous les faire remarquer ?

LE PUBLICISTE.

Le livre de la civilisation

FIN.

Imprimerie de BÉRAUD, rue du faub.-St.-Martin, n°. 7e.

www.ingramcontent.com/pod-product-compliance
Lightning Source LLC
Chambersburg PA
CBHW051355050726
47595CB00006B/2569